Impressum
Verlag: BABADADA GmbH, Nedderfeld 112 , 22529 Hamburg
Geschäftsführer / Verlagsleitung: Harald Hof
Druck: Books on Demand GmbH, In de Tarpen 42, 22848 Norderstedt

Imprint
Publisher: BABADADA GmbH, Nedderfeld 112 , 22529 Hamburg, Germany
Managing Director / Publishing direction: Harald Hof
Print: Books on Demand GmbH, In de Tarpen 42, 22848 Norderstedt

classroom
ystafell ddosbarth

divide
rhannu

186/2

board
bwrdd

school yard
iard ysgol

teacher
athro

paper
papur

write
ysgrifennu

pen
pen

desk
desg

ruler
pren mesur

book
llyfr

pupil
disgybl

satchel

bag ysgol

pencil case

blwch penseli

pencil

pensil

pencil sharpener

peth rhoi min ar bensil

rubber

rwber

drawing pad

pad arlunio

drawing

llun

paintbrush

brws paent

paint box

blwch paent

scissors

siswrn

glue

glud

exercise book

llyfr ysgrifennu

homework

gwaith cartref

number

rhif

2+2

add

ychwanegu

5-2

subtract

tynnu

multiply

lluosi

calculate

cyfrifo

A

letter

llythyren

alphabet

gwyddor

word

gair

text

testun

read

darllen

chalk

sialc

lesson

gwers

register

cofrestr

exam

arholiad

certificate

tystysgrif

school uniform

gwisg ysgol

education

addysg

encyclopedia

gwyddoniadur

university

prifysgol

microscope

microsgop

map

map

waste-paper basket

basged papur gwastraff

hotel
gwesty

hostel
hostel

bureau de change
swyddfa gyfnewid

car
car

language

iaith

yes / no

ie / na

Okay

iawn

hello

helo

translator

cyfieithydd

Thank you

Diolch yn fawr

how much is...?

faint yw ...?

I do not understand

Dw i ddim yn deall

problem

problem

Good evening!

Noswaith dda!

Good morning!

Bore da!

Good night!

Nos da!

bye bye

hwyl

direction

cyfarwyddyd

luggage

bagiau

bag

bag

backpack

gwarbac

guest

gwestai

room

ystafell

sleeping bag

sach gysgu

tent

pabell

tourist information

gwybodaeth i ymwelwyr

beach

traeth

credit card

cerdyn credyd

breakfast

brecwast

lunch

cinio

dinner

swper

ticket

tocyn

lift

lifft

stamp

stamp

border

ffin

customs

tollau

embassy

llysgenhadaeth

visa

fisa

passport

pasbort

aeroplane
awyren

ship
llong

fire engine
injan dân

bus
bws

truck
lori

motorboat
cwch modur

bike
beic

car
car

ferry

fferi

boat

cwch

motorbike

beic modur

police car

car yr heddlu

racing car

car rasio

rental car

car wedi'i rentu

car sharing

rhannu car

breakdown truck

lori tynnu

refuse truck

lori ysbwriel

motor

modur

fuel

tanwydd

petrol station

gorsaf betrol

traffic sign

arwydd traffig

traffic

traffig

traffic jam

tagfa draffig

car park

maes parcio

train station

gorsaf drennau

tracks

traciau

train

trên

tram

tram

carriage

wagen

helicopter

hofrennydd

airport

maes awyr

tower

tŵr

passenger

teithiwr

container

cynhwysydd

carton

paced

cart

cert

basket

basged

take off / land

esgyn / glanio

city

dinas

village

pentref

city centre

canol y ddinas

house

tŷ

cinema
sinema

advert
hysbyseb

street lamp
golau stryd

CINEMA

street
stryd

taxi
tacsi

pedestrian
cerddwr

snack shop
siop byrbrydau

pavement
palmant

zebra crossing
croesfan sebra

bin
bin

crossing
croesfan

traffic lights
goleuadau traffig

hut

cwt

flat

fflat

train station

gorsaf drennau

town hall

neuadd y dref

museum

amgueddfa

school

ysgol

university

prifysgol

bank

banc

hospital

ysbyty

hotel

gwesty

pharmacy

fferyllfa

office

swyddfa

book shop

siop lyfrau

shop

siop

florist's

siop flodau

supermarket

archfarchnad

market

farchnad

department store

siop adrannol

fishmonger's

siop bysgod

shopping centre

canolfan siopa

harbour

harbwr

park

parc

bench

banc

bridge

pont

stairs

grisiau

underground

rheilffordd danddaearol

tunnel

twnnel

bus stop

safle bws

bar

bar

restaurant

bwyty

postbox

blwch post

street sign

arwydd stryd

parking meter

mesurydd parcio

zoo

sŵ

swimming pool

pwll nofio

mosque

mosg

farm
fferm

pollution
llygredd

graveyard
mynwent

church
eglwys

playground
maes chwarae

temple
teml

landscape

tirwedd

signpost
arwydd cyfeirio

way
ffordd

meadow
dôl

stone
carreg

tree
coeden

hiker
heiciwr

river
afon

grass
glaswellt

flower
blodyn

valley

cwm

hill

bryn

lake

llyn

forest

coedwig

desert

anialwch

volcano

llosgfynydd

castle

castell

rainbow

enfys

mushroom

madarchen

palm tree

palmwydden

mosquito

mosgito

fly

pryf

ant

morgrugyn

bee

gwenyn

spider

pryf copyn

landscape - tirwedd

beetle

chwilen

frog

llyffant

squirrel

gwiwer

hedgehog

draenog

hare

ysgyfarnog

owl

tylluan

bird

aderyn

swan

alarch

boar

baedd

deer

carw

moose

elc

dam

argae

wind turbine

tyrbin gwynt

solar panel

panel haul

climate

hinsawdd

waiter
gweinydd

menu
bwydlen

chair
cadair

soup
cawl

pizza
pitsa

cutlery
cyllyll a ffyrc

tablecloth
lliain bwrdd

starter

cwrs cyntaf

main course

prif gwrs

dessert

pwdin

drinks

diodydd

food

bwyd

bottle

potel

fast food

bwyd cyflym

street food

bwyd y stryd

teapot

tebot

sugar bowl

powlen siwgr

portion

dogn

espresso machine

peiriant espresso

high chair

cadair plentyn

bill

bil

tray

hambwrdd

knife

cyllell

fork

fforc

spoon

llwy

teaspoon

llwy de

serviette

napcyn

glass

gwydr

plate
plât

soup plate
plât cawl

saucer
soser

sauce
saws

salt pot
pot halen

pepper mill
melin bupur

vinegar
finegr

oil
olew

spices
sbeisys

ketchup
saws coch

mustard
mwstard

mayonnaise
mayonnaise

supermarket
archfarchnad

special offer
cynnig arbennig

customer
cwsmer

dairy
cynnyrch llaeth

fruit
ffrwythau

trolley
troli

butcher's
siop gig

baker's
siop fara

weigh
pwyso

vegetables
llysiau

meat
cig

frozen food
Bwyd wedi'i rewi

cold meat

cig oer

tinned food

bwyd tun

washing powder

powdr golchi

sweets

da-da

household products

cynnyrch cartref

cleaning products

cynhyrchion glanhau

salesperson

gwerthwraig

till

til

cashier

ariannwr

shopping list

rhestr siopa

opening hours

oriau agor

wallet

waled

credit card

cerdyn credyd

bag

bag

plastic bag

bag plastig

water

dŵr

juice

sudd

milk

llefrith

coke

côc

wine

gwin

beer

cwrw

alcohol

alcohol

cocoa

coco

tea

te

coffee

coffi

espresso

espresso

cappuccino

cappuccino

banana

ffrwchledd

apple

afal

orange

oren

melon

melon

lemon

lemwn

carrot

moronen

garlic

garlleg

bamboo

bambŵ

onion

nionyn

mushroom

madarchen

nuts

cnau

noodles

nwdls

spaghetti

sbageti

rice

reis

salad

salad

chips

sglodion

fried potatoes

tatws wedi'u ffrïo

pizza

pitsa

hamburger

hambyrger

sandwich

brechdan

cutlet

cytled

ham

ham

salami

salami

sausage

selsig

chicken

cyw iâr

roast

rhost

fish

pysgodyn

porridge oats

ceirch uwd

muesli

miwsli

cornflakes

creision ŷd

flour

blawd

croissant

croissant

bread roll

bynsen

bread

bara

toast

tost

biscuits

bisgedi

butter

menyn

curd

ceuled

cake

teisen

egg

wy

fried egg

wy wedi'i ffrïo

cheese

caws

food - bwyd

ice cream

hufen iâ

sugar

siwgr

honey

mêl

jam

jam

chocolate spread

siocled taenu

curry

cyri

goat

gafr

cow

buwch

calf

llo

pig

mochyn

piglet

porchell

bull

tarw

goose

gwydd

duck

hwyaden

chick

cyw

hen

iâr

cock

ceiliog

rat

llygoden fawr

cat

cath

mouse

llygoden

ox

ych

dog

ci

doghouse

cwt ci

garden hose

pibell ddŵr

watering can

can dŵr

scythe

pladur

plough

aradr

sickle

cryman

hoe

fforch chwynu

pitchfork

picwarch

axe

bwyell

wheelbarrow

berfa

trough

cafn

milk can

tun llefrith

sack

sach

fence

ffens

stable

stabl

greenhouse

tŷ gwydr

soil

pridd

seed

hedyn

fertilizer

gwrtaith

combine harvester

dyrnwr medi

farm - fferm

harvest

cynaeafu

harvest

cynhaeaf

yams

iamau

wheat

gwenith

soy

soi

potato

tysen

corn

grawn

rapeseed

had rêp

fruit tree

coeden ffrwythau

cassava

manioc

cereals

grawnfwydydd

living room

lolfa

bathroom

ystafell ymolchi

kitchen

cegin

bedroom

ystafell wely

child's room

ystafell plentyn

dining room

ystafell fwyta

floor

llawr

wall

wal

ceiling

nenfwd

cellar

seler

sauna

sawna

balcony

balconi

terrace

teras

pool

pwll

lawn mower

peiriant torri gwair

sheet

taflen

bedspread

gorchudd gwely

bed

gwely

broom

ysgub

bucket

bwced

switch

swits

carpet

carped

curtain

llen

table

bwrdd

chair

cadair

rocking chair

cadair siglo

armchair

cadair freichiau

book
llyfr

blanket
blanced

decoration
addurn

firewood
coed tân

film
ffilm

hi-fi equipment
hi-fi

key
agoriad

newspaper
papur newydd

painting
darlun

poster
poster

radio
radio

notepad
llyfr nodiadau

hoover
hwfer

cactus
cactws

candle
cannwyll

microwave oven
popty micro-don

fridge
oergell

kitchen scales
clorian gegin

toaster
tostiwr

detergent
gwlybwr

oven
popty

freezer
rhewgist

dishwasher
peiriant golchi llestri

cooker

popty

pot

pot

cast-iron pot

pot haearn bwrw

wok / kadai

wok / kadai

pan

padell

kettle

tegell

steamer

sosban stemio

baking tray

hambwrdd pobi

crockery

llestri

mug

mwg

bowl

powlen

chopsticks

gweill bwyta

ladle

lletwad

spatula

ysbodol

whisk

chwisg

strainer

hidlydd

sieve

gogr

grater

gratiwr

mortar

morter

barbecue

barbeciw

open fire

tân agored

chopping board

bwrdd torri cig

rolling pin

rholbren

corkscrew

tynnwr corcyn

can

tun

can opener

peth agor tuniau

pot holder

clwt pot

sink

sinc

brush

brws

sponge

sbwng

blender

peiriant cymysgu

deep freezer

rhewgell

baby bottle

potel babi

tap

tap

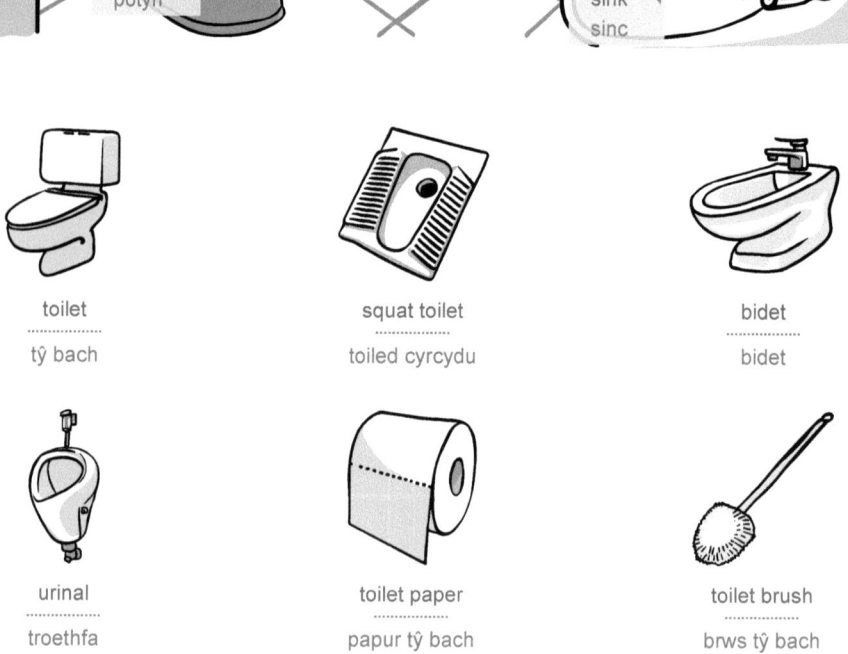

heating
gwres

shower
cawod

towel
tywel

shower curtain
llen gawod

bubble bath
baddon ewyn

bathtub
baddon

glass
gwydr

washing machine
peiriant golchi

tap
tap

tiles
teils

potty
potyn

sink
sinc

toilet	squat toilet	bidet
tŷ bach	toiled cyrcydu	bidet
urinal	toilet paper	toilet brush
troethfa	papur tŷ bach	brws tŷ bach

toothbrush

brws dannedd

toothpaste

past dannedd

dental floss

edau ddannedd

wash

golchi

handheld shower

cawod llaw

douche

golchfa

basin

basn

back brush

brws-ôl

soap

sebon

shower gel

gel cawod

shampoo

siampŵ

flannel

gwlanen

drain

ffos

cream

hufen

deodorant

diaroglydd

mirror

drych

hand mirror

drych llaw

razor

rasel

shaving foam

ewyn eillio

aftershave

sent eillio

comb

crib

brush

brws

hair dryer

sychwr gwallt

hairspray

chwistrell gwallt

makeup

colur

lipstick

minlliw

nail varnish

farnais ewinedd

cotton wool

gwlân cotwm

nail scissors

siswrn ewinedd

perfume

persawr

washbag

bag ymolchi

stool

stôl

weighing scale

clorian

bathrobe

gŵn baddon

rubber gloves

menig rwber

tampon

tampon

sanitary towel

tywel misglwyf

chemical toilet

toiled cemegol

alarm clock
cloc larwm

cuddly toy
tegan anwes

toy car
car tegan

rattle
cleciwr

doll's house
tŷ dol

present
anrheg

balloon

balŵn

bed

gwely

pram

pram

deck of cards

pecyn o gardiau

jigsaw

jig-so

comic

comic

lego bricks

brics Lego

building blocks

blociau adeiladu

action figure

ffigur gweithredu

babygrow

babygro

frisbee

ffrisbi

mobile

ffôn symudol

board game

gêm fwrdd

dice

deis

model train set

set model trên

dummy

teth lwgu

party

parti

picture book

llyfr lluniau

ball

pêl

doll

dol

play

chwarae

sandpit

pwll tywod

swing

swing

toys

teganau

video game console

consol gemau fideo

tricycle

beic tair olwyn

teddy bear

tedi

wardrobe

cwpwrdd dillad

clothing

dillad

socks

hosanau

stockings

hosanau

tights

teits

scarf
sgarff

belt
gwregys

umbrella
ymbarél

t-shirt
crys-t

trainers
esidiau ymarfer

boots
esgidiau

slippers
sliperi

sandals	shoes	rubber boots
sandalau	esgidiau	esgidiau rwber

underpants	bra	vest
trôns	bra	fest

body

corff

trousers

trowsus

jeans

jîns

skirt

sgert

blouse

blows

shirt

crys

pullover

pwlofer

hoodie

hwdi

blazer

blaser

jacket

siaced

coat

côt

raincoat

côt law

costume

gwisg

dress

gŵn

wedding dress

gwisg briodas

suit

siwt

nightgown

gŵn nos

pyjamas

pyjamas

sari

sari

headscarf

sgarff pen

turban

tyrban

burqa

bwrca

kaftan

cafftan

abaya

abaya

swimsuit

gwisg nofio

trunks

trowsus nofio

shorts

siorts

tracksuit

tracwisg

apron

ffedog

gloves

menig

button

botwm

glasses

sbectol

bracelet

breichled

necklace

cadwyn

ring

modrwy

earring

clustdlws

cap

cap

coat hanger

cambren

hat

het

tie

tei

zip

sip

helmet

helmed

braces

fframiau danedd

school uniform

gwisg ysgol

uniform

gwisg

bib

bib

dummy

teth lwgu

nappy

cewyn

office
swyddfa

server
gweinydd

filing cabinet
cwrpwrdd ffeilio

printer
argraffydd

monitor
monitor

paper
papur

mouse
llygoden

desk
desg

folder
ffolder

keyboard
bysellfwrdd

waste-paper basket
basged papur gwastraff

chair
cadair

computer
cyfrifiadur

coffee mug

mwg coffi

calculator

cyfrifiannell

internet

rhyngrwyd

laptop

gliniadur

letter

llythyr

message

neges

mobile

ffôn symudol

network

rhwydwaith

photocopier

llungopïwr

software

meddalwedd

telephone

teleffon

plug socket

soced plwg

fax machine

peiriant ffacs

form

ffurflen

document

dogfen

buy

prynu

pay

talu

trade

masnachu

money

arian

USD

dollar

doler

 EUR

euro

ewro

 JPY

yen

yen

 RUB

rouble

rwbl

 CHF

Swiss franc

ffranc y Swistir

 CNY

renminbi yuan

yuan renminbi

 INR

rupee

rwpi

cashpoint

peiriant arian

bureau de change

swyddfa gyfnewid

gold

aur

silver

arian

oil

olew

energy

ynni

price

pris

contract

contract

tax

treth

stock

stoc

work

gweithio

employee

cyflogai

employer

cyflogwr

factory

ffatri

shop

siop

police officer
swyddog heddlu

fireman
diffoddwr tân

cook
cogydd

doctor
meddyg

pilot
peilot

gardener

garddwr

carpenter

saer

seamstress

gwniadwraig

judge

barnwr

chemist

fferyllydd

actor

actor

bus driver

gyrrwr bws

taxi driver

gyrrwr tacsi

fisherman

pysgotwr

cleaning lady

glanhawraig

roofer

töwr

waiter

gweinydd

hunter

heliwr

painter

paentiwr

baker

pobydd

electrician

trydanwr

builder

adeiladwr

engineer

peiriannydd

butcher

cigydd

plumber

plymiwr

postman

dyn y post

soldier

milwr

architect

pensaer

cashier

ariannwr

florist

gwerthwr blodau

hairdresser

triniwr gwallt

conductor

archwiliwr tocynnau
rheilffordd

mechanic

mecanydd

captain

capten

dentist

deintydd

scientist

gwyddonydd

rabbi

rabi

imam

imam

monk

mynach

clergyman

clerigwr

hammer
morthwyl

pliers
gefail

screwdriver
tyrnsgriw

spanner
sbaner

torch
fflashlamp

digger

turiwr

toolbox

blwch offer

ladder

ysgol

saw

llif

nails

hoelion

drill

dril

repair

trwsio

shovel

rhaw

Damn!

Daria!

dustpan

rhaw lwch

paint pot

pot paent

screws

sgriwiau

musical instruments
offerynnau cerdd

loudspeaker
uchelseinydd

drum kit
set drymiau

guitar
gitâr

double bass
bas dwbl

trumpet
trwmped

piano

piano

violin

ffidil

bass

bas

timpani

timpani

drums

drymiau

keyboard

cyweirfwrdd

saxophone

sacsoffon

flute

ffliwt

microphone

meicroffon

entrance
mynediad

tiger
teigr

cage
cawell

zebra
sebra

animal feed
bwyd anifeiliaid

panda
panda

animals
anifeiliaid

elephant
eliffant

kangaroo
cangarŵ

rhino
rhinoseros

gorilla
gorila

bear
arth

camel

camel

ostrich

estrys

lion

llew

monkey

mwnci

flamingo

fflamingo

parrot

parot

polar bear

arth wen

penguin

pengwin

shark

siarc

peacock

paun

snake

neidr

crocodile

crocodeil

zookeeper

gofalwr sŵ

seal

morlo

jaguar

jagwar

pony

merlyn

leopard

llewpard

hippo

hipo

giraffe

jiráff

eagle

eryr

boar

baedd

fish

pysgodyn

turtle

crwban

walrus

walrws

fox

llwynog

gazelle

gafrewig

American football
pêl-droed America

cycling
beicio

tennis
tennis

basketball
pêl-fasged

swimming
nofio

boxing
bocsio

ice hockey
hoci iâ

football

pêl-droed

badminton

badminton

athletics

athletau

handball

pêl-law

skiing

sgïo

polo

polo

laugh
chwerthin

jump
neidio

hug
cofleidio

walk
cerdded

sing
canu

dream
breuddwydio

pray
gweddio

kiss
cusanu

write

ysgrifennu

draw

tynnu

show

dangos

push

gwthio

give

rhoi

take

cymryd

have
bod gan

do
gwneud

be
bod

stand
sefyll

run
rhedeg

pull
tynnu

throw
taflu

fall
disgyn

lie
gorwedd

wait
aros

carry
cario

sit
eistedd

get dressed
gwisgo amdanoch

sleep
cysgu

wake up
deffro

look at

edrych ar

cry

crïo

stroke

anwesu

comb

cribo

talk

siarad

understand

deall

ask

gofyn

listen

gwrando

drink

yfed

eat

bwyta

tidy up

tacluso

love

caru

cook

coginio

drive

gyrru

fly

hedfan

sail

hwylio

calculate

cyfrifo

read

darllen

learn

dysgu

work

gweithio

marry

priodi

sew

gwnïo

brush teeth

brwsio dannedd

kill

lladd

smoke

ysmygu

send

anfon

grandmother
nain

grandfather
taid

father
tad

mother
mam

baby
baban

daughter
merch

son
mab

guest

gwestai

aunt

modryb

uncle

ewythr

brother

brawd

sister

chwaer

forehead
talcen

eye
llygad

shoulder
ysgwydd

finger
bys

face
wyneb

chin
gên

hand
llaw

breast
bron

leg
coes

arm
braich

baby

baban

man

dyn

woman

gwraig

girl

geneth

boy

bachgen

head

pen

back
cefn

belly
bel

belly button
bogail

toe
bys troed

heel
sawdl

bone
asgwrn

hip
clun

knee
pen-glin

elbow
penelin

nose
trwyn

bottom
pen ôl

skin
croen

cheek
boch

ear
clust

lip
gwefus

body - corff

mouth

ceg

tooth

dant

tongue

tafod

brain

ymennydd

heart

calon

muscle

cyhyr

lung

ysgyfaint

liver

iau

stomach

stumog

kidneys

arennau

sex

rhyw

condom

condom

ovum

ofwm

semen

semen

pregnancy

beichiogrwydd

menstruation

mislif

vagina

fagina

penis

pidyn

eyebrow

ael

hair

gwallt

neck

gwddf

body - corff

hospital
ysbyty

ambulance
ambiwlans

wheelchair
cadair olwyn

fracture
torasgwrn

doctor

meddyg

emergency room

ystafell argyfwng

nurse

nyrs

emergency

argyfwng

unconscious

anymwybodol

pain

poen

injury
anaf

bleeding
gwaedu

heart attack
trawiad ar y galon

stroke
strôc

allergy
alergedd

cough
peswch

fever
twymyn

flu
ffliw

diarrhoea
dolur rhydd

headache
cur pen

cancer
canser

diabetes
diabetes

surgeon
llawfeddyg

scalpel
fflaim

operation
gweithrediad

CT

CT

x-ray

pelydr-x

ultrasound

uwchsain

face mask

mwgwd wyneb

disease

clefyd

waiting room

ystafell aros

crutch

bagl

plaster

plastr

bandage

rhwymyn

injection

pigiad

stethoscope

stethosgop

stretcher

elorwely

clinical thermometer

thermomedr clinigol

birth

genedigaeth

overweight

dros bwysau

hearing aid

cymorth clyw

disinfectant

diheintydd

infection

haint

virus

firws

HIV / AIDS

HIV / AIDS

medicine

meddygaeth

vaccination

brechiad

tablets

tabledi

pill

y bilsen

emergency call

galwad frys

blood pressure monitor

monitor pwysau gwaed

ill / healthy

yn sâl / yn iach

Help!

Help!

alarm

larwm

assault

ymosodiad

attack

ymosodiad

danger

perygl

emergency exit

allanfa argyfwng

Fire!

Tân!

fire extinguisher

diffoddwr tân

accident

damwain

first-aid kit

pecyn cymorth cyntaf

SOS

SOS

police

heddlu

Europe

Ewrop

North America

Gogledd America

South America

De America

Africa

Affrica

Asia

Asia

Australia

Awstralia

Atlantic

Iwerydd

Pacific

y Môr Tawel

Indian Ocean

Cefnfor yr India

Antarctic Ocean

Cefnfor yr Antarctig

Arctic Ocean

Cefnfor yr Arctig

North Pole

Pegwn y Gogledd

South Pole

Pegwn y De

Antarctica

Antarctica

Earth

y Ddaear

land

tir

sea

môr

island

ynys

nation

cenedl

state

gwladwriaeth

clock face

wyneb cloc

hour hand

bys awr

minute hand

bys munud

second hand

bys eiliad

What time is it?

Faint o'r gloch yw hi?

day

dydd

time

amser

now

yn awr

digital watch

cloc digidol

minute

munud

hour

awr

week

wythnos

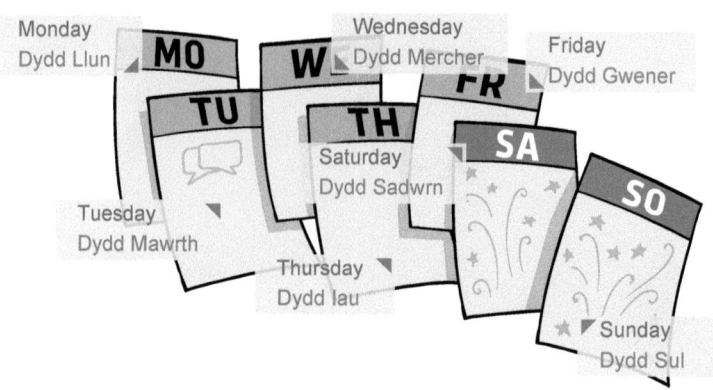

Monday
Dydd Llun

Wednesday
Dydd Mercher

Friday
Dydd Gwener

Tuesday
Dydd Mawrth

Saturday
Dydd Sadwrn

Thursday
Dydd Iau

Sunday
Dydd Sul

yesterday

ddoe

today

heddiw

tomorrow

yfory

morning

bore

noon

canol dydd

evening

noswaith

MO	TU	WE	TH	FR	SA	SU
1	2	3	4	5	6	7
8	9	10	11	12	13	14
15	16	17	18	19	20	21
22	23	24	25	26	27	28
29	30	31	1	2	3	4

business days

diwrnodiau busnes

MO	TU	WE	TH	FR	SA	SU
1	2	3	4	5	6	7
8	9	10	11	12	13	14
15	16	17	18	19	20	21
22	23	24	25	26	27	28
29	30	31	1	2	3	4

weekend

penwythnos

rain
glaw

spring
gwanwyn

summer
haf

wind
gwynt

autumn
hydref

snow
eira

winter
gaeaf

weather forecast

rhagolygon y tywydd

thermometer

thermomedr

sunshine

heulwen

cloud

cwmwl

fog

niwl tew

humidity

lleithder

lightning

mellt

thunder

taranau

storm

storm

hail

cenllysg

monsoon

monsŵn

flood

llif

ice

iâ

January

Ionawr

February

Chwefror

March

Mawrth

April

Ebrill

May

Mai

June

Mehefin

July

Gorffennaf

August

Awst

year - blwyddyn

September
Medi

October
Hydref

November
Tachwedd

December
Rhagfyr

shapes
siapiau

circle
cylch

square
sgwâr

rectangle
petryal

triangle
triongl

sphere
sffêr

cube
ciwb

colours
lliwiau

white
gwyn

yellow
melyn

orange
oren

pink
pinc

red
coch

purple
porffor

blue
glas

green
gwyrdd

brown
brown

grey
llwyd

black
du

a lot / a little

llawer / ychydig

angry / calm

dig / tawel

beautiful / ugly

hardd / hyll

beginning / end

dechrau / diwedd

big / small

mawr / bach

bright / dark

llachar / tywyll

brother / sister

brawd / chwaer

clean / dirty

glân / budr

complete / incomplete

gyflawn / anghyflawn

day / night

dydd / nos

dead / alive

farw / yn fyw

wide / narrow

eang / cul

edible / inedible

bwytadwy / anfwytadwy

evil / kind

drwg / caredig

excited / bored

llawn cyffro / diflasu

fat / thin

tew / tenau

first / last

cyntaf / olaf

friend / enemy

cyfaill / gelyn

full / empty

llawn / gwag

hard / soft

caled / meddal

heavy / light

trwm / ysgafn

hunger / thirst

wedi newynnu / yn sychedig

ill / healthy

yn sâl / yn iach

illegal / legal

anghyfreithlon / cyfreithiol

intelligent / stupid

deallus / twp

left / right

chwith / dde

near / far

agos / pell

new / used
ewydd / wedi'i ddefnyddio

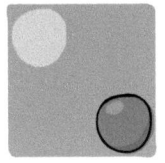

nothing / something
dim / rhywbeth

old / young
hen / ifanc

on / off
ymlaen / i ffwrdd

open / closed
ar agor / ar gau

quiet / loud
tawel / uchel

rich / poor
cyfoethog / tlawd

right / wrong
cywir / anghywir

rough / smooth
garw / llyfn

sad / happy
trist / hapus

short / long
byr / hir

slow / fast
araf / cyflym

wet / dry
gwlyb / sych

warm / cool
cynnes / claear

war / peace
rhyfel / heddwch

0

zero

sero

1

one

un

2

two

dau

3

three

tri

4

four

pedwar

5

five

pump

6

six

chwech

7

seven

saith

8

eight

wyth

9

nine

naw

10

ten

deg

11

eleven

un deg un

12

twelve

un deg dau

13

thirteen

un deg tri

14

fourteen

un deg pedwar

15

fifteen

un deg pump

16

sixteen

un deg chwech

17

seventeen

un deg saith

18

eighteen

un deg wyth

19

nineteen

un deg naw

20

twenty

dau ddeg

100

hundred

cant

1.000

thousand

mil

1.000.000

million

miliwn

English

Saesneg

American English

Saesneg America

Chinese Mandarin

Tsieinëeg Mandarin

Hindi

Hindi

Spanish

Sbaeneg

French

Ffrangeg

Arabic

Arabeg

Russian

Rwseg

Portuguese

Portiwgaleg

Bengali

Bengali

German

Almaeneg

Japanese

Siapanaeg

I

fi

you

ti

he / she / it

ef / hi

we

ni

you

chi

they

nhw

who?

pwy?

what?

beth?

how?

sut?

where?

ble?

when?

pryd?

name

enw

behind

y tu ôl i

in

yn / yng / ym / mewn

in front of

o flaen

over

dros

on

ar

under

dan

beside

wrth ochr

between

rhwng

place

lle